# LES
# VISITANDINES,
## COMÉDIE
## EN DEUX ACTES,
### MÊLÉE D'ARIETTES.

*Représentée sur le Théâtre de la rue Feydeau,
le 7 août 1792.*

Par M. PICARD.

## A PARIS.

Chez {
MARADAN, Libraire, rue du Cimetière
Saint-André-des-Arcs, Nᵉ. 9.
CHARON, Libraire, Galerie du théâtre
de la rue Feydeau, Nᵉ. 8.

———

## 1792.

# PERSONNAGES.

| | |
|---|---|
| M. Belfort, médecin. | *Château-fort.* |
| Belfort, son fils. | *Gavaux.* |
| Frontin, valet de Belfort. | *Martin.* |
| Un Cocher de la diligence. | *Georget.* |
| Grégoire, jardinier. | *Juliet.* |
| | **Mesdames** |
| L'Abbesse. | *Théodore.* |
| La Tourière. | *Verteuil.* |
| Sœur Euphémie. | *Scio.* |
| S. Agnès. | *Parisot.* |
| S. Josephine. | *Vilsan.* |
| S. Augustine. | *Gasser.* |
| S. Ursule. | *Lebreton.* |
| Autres religieuses. | |

# LES VISITANDINES,
## *COMÉDIE.*

### ACTE PREMIER.

*Le Théâtre représente une campagne ; on voit sur le côté la porte d'entrée d'un couvent, le guichet de la tourière et les fenêtres grillées des religieuses ; il fait nuit, l'ouverture annonce un orage.*

## SCENE PREMIÈRE.

### *INTRODUCTION.*

### S. AGNÈS, S. JOSEPHINE.

S. JOSEPHINE *paroissant derrière la grille de sa fenêtre.*

Sœur Agnès ! Sœur Agnès !

S. AGNÈS *derrière sa fenêtre.*

Eh bien ! eh bien ! ma sœur.

S. JOSEPHINE.

Entendez-vous comme la foudre gronde ?

### S. AGNÈS.

Ah ! J'entends bien comme la foudre gronde,
Et chaque éclair me fait mourir de peur.

### JOSEPHINE.

C'est peut-être la fin du monde,
Voici l'heure du jugement.

### *Ensemble.*

Grand Dieu ! votre bonté se lasse,
Que votre volonté se fasse,
Mais épargnez notre couvent.
*ici l'orage s'appaise un peu.*

### AGNÈS.

Ah ! ma sœur quel dommage
Vous m'avez fait en m'éveillant !
Je faisois un rêve charmant,
Car je rêvois de mariage.
L'amour avoit surpris mon cœur,
Et par l'hymen j'étois liée.
Est-ce un péché, ma chère sœur,
De rêver qu'on est mariée ?

### JOSEPHINE.

Sur un fait de cette importance,
Je ne prononce pas, ma sœur,
Car c'est un cas de conscience ;

Consultons notre directeur.
Mais de ce rêve si flatteur,
Je suis pour vous toute effrayée ;
C'est peut-être un péché , ma sœur,
De rêver qu'on est mariée.

*L'orage redouble.*

AGNÈS.

Voilà l'orage qui redouble,
Je sens redoubler ma frayeur,
Ce maudit rêve dans mon cœur
Répand encor un nouveau trouble ;
Avant de voir mon directeur,
Je tremble d'être foudroyée;
C'est sans doute un péché , ma sœur ,
De rêver qu'on est mariée.

## SCENE II.

Les mêmes, S. AUGUSTINE, S. VIC-
TORINE, S. URSULE.

AUGUSTINE *paroissant derrière sa fenêtre.*

Sœur Josephine !

JOSEPHINE.

Eh bien , ma sœur !

VICTORINE, *derrière sa fenêtre.*
Sœur Augustine !

A 3

AUGUSTINE.

Eh bien, ma sœur !

URSULE, *derrière sa fenêtre.*

Sœur Victorine !

VICTORINE.

Eh bien, ma sœur !

*Toutes.*

Entendez-vous comme la foudre gronde ?
Nous entendons comme la foudre gronde,
Et chaque éclair nous fait mourir de peur ;
C'est peut-être la fin du monde ;
Helas ! mes sœurs, je meurs de peur.

AGNÈS.

Allons, mes sœurs, point de foiblesse ;
Rassurons-nous et tâchons de dormir.

JOSEPHINE.

Helas ! mes sœurs, comment dormir ?
Allons plutôt chez madame l'Abbesse,
Allons toutes nous réunir.

*Toutes.*

Allons plutôt nous réunir,
Allons chez madame l'Abbesse ;
Divin sauveur ! c'est aux méchans
Qu'est réservé votre tonnerre ;

En punissant le reste de la terre,
Divin sauveur, épargnez les couvens.

*Toutes les fenêtres se ferm. nt; Belfort et Fron-*
*tin, qui ont paru dans le fond pendant la fin*
*du Chœur, se trouvent en scène; l'orage se*
*dissipe.*

## SCENE III.
### BELFORT, FRONTIN.

#### BELFORT.

FRONTIN!

#### FRONTIN.

Monsieur!

#### BELFORT.

Où sommes-nous?

#### FRONTIN.

Ma foi, monsieur, je n'en sais rien; mais je
sais bien où je voudrois être.

#### BELFORT.

Où donc s'il vous plait?

#### FRONTIN.

Dans un bon lit, monsieur; la nuit est faite
pour dormir, et non pas pour courir les champs.

BELFORT.

Allons, il faut prendre son parti gaiment; nous sommes égarés, notre chaise est brisée. C'est un petit malheur. En attendant le jour, je rêve à ma maîtresse. Eh bien! rêve à la tienne.

FRONTIN.

Fort bien pour vous, monsieur, qui rêvez tout éveillé; mais moi, qui n'ai jamais rêvé qu'en dormant, que diable voulez-vous que je fasse ici? Si je pouvois seulement trouver un petit endroit. (*appercevant le couvent*) Ah! monsieur, monsieur.

BELFORT.

Qu'est-ce que c'est?

FRONTIN.

Ah! pour le coup, j'ai du courage. Voyez-vous cette grande maison en face de nous?

BELFORT.

Eh bien?

FRONTIN.

Eh bien, monsieur, ou je me trompe fort, ou c'est une auberge d'importance où l'on doit être bien traité.

AIR.

Qu'on est heureux de trouver en voyage
Un bon souper, mais sur-tout un bon lit!
Voilà de quoi faire oublier l'orage;

A bien dormir je vais passer la nuit :
 Jen'ai pas regret à la peine
 Quand je trouve après le plaisir
 Jusqu'à demain, tout d'une haleine.
 Ah ! que Frontin va bien dormir,
 Et dans ces lieux où l'on repose,
 S'il se trouve à faire autre chose,
 Ce n'est pas à courir les champs
 Que Frontin passera son temps.

### BELFORT.

Allons, frappe, sans tarder davantage.

### FRONTIN.

C'est bien mon dessein. (*Il sonne à la grande porte*). Eh bien ils sont donc sourds. (*Il sonne plus fort*).

---

# SCENE IV.

Les précédens, LA TOURIÈRE.

### LA TOURIÈRE *derrière le guichet*.

Bonté divine, ah ! quel train ! qui va là ? qui va là ?

### FRONTIN.

Deux cavaliers charmans : allons la fille, un bon feu, un bon lit, et vous aurez pour boire en conséquence. Nous resterons fort peu de temps ici, mais nous dépenserons beaucoup, entendez-vous ?

LA TOURIÈRE.

Ah ! bon dieu ! qui sont donc les impies qui osent tenir un pareil propos ?

FRONTIN.

Doucement, doucement, ne nous fâchons pas, s'il vous plait. Je suis poli, comme vous voyez ; il s'agit de nous donner à coucher pour cette nuit, et nous n'en voulons pas davantage ; ce n'est pas faute d'avoir de jolies choses à vous dire ; servante trop aimable je ne sais quoi me dit que vous êtes charmante. Sans vous voir cependant on n'en peut pas juger ; hâtez-vous donc de nous ouvrir pour commencer à faire connoissance, je brûle de vous embrasser.

TRIO.

LA TOURIÈRE.

Quoi ! Vous voulez coucher dans la maison ?

FRONTIN.

Eh ! oui vraiment, si vous le trouvez bon ; Nous savons quel métier vous faites.

LA TOURIERE.

Eh ! pour qui nous prenez-vous donc ?

FRONTIN.

Eh ! parbleu pour ce que vous êtes.

N'êtes-vous pas de fort honnêtes gens
Qui, pour des prix également honnêtes,
Donnez à coucher aux passans ?

### LA TOURIERE.

Ah ! Quel blasphême, sainte vierge !
Comment prendre pour une auberge
  La sainte visitation ?

### BELF. et FRONT.

La sainte visitation !

### BELFORT.

Oh ! L'aventure est singulière ;
M. Frontin tout bonnement vouloit
Passer la nuit au monastère.

### LA TOURIERF.

Et traiter une sœur Tourière
De servante de cabaret.

| LA TOURIÈRE. | BELFORT. | FRONTIN. |
|---|---|---|
| Pour le Couvent quelle cruelle injure ! | Pour toi, Frontin, quelle triste aventure ! | Pour toi, Frontin, quelle triste avanture ! |
| Je parierois qu'une telle aventure | Il te faudra donc coucher sur la dure, | Il te faudra donc coucher, etc. etc. |
| N'est qu'un tour du malin esprit | Car décemment pour cette nuit | |
| Qui voudroit bien avoir un lit. | On ne peut te donner un lit | |
| Au Couvent des Visitandines. | Au Couvent des Visitandines. | |

## SCENE V.

### BELFORT, FRONTIN.

#### FRONTIN.

Nous n'avons que ce que nous méritons, monsieur. Pourquoi diable nous avisons-nous de courir quand tout le monde dort ? En bonne foi, ne devriez vous pas être las de cette vie errante que vous menez depuis deux ans, vous n'en avez pas encore vingt-cinq, et il n'y a peut-être pas un petit coin dans l'Europe que n'ayez visité.

#### BELFORT.

Ah ! mon cher Frontin, j'ai de grands projets de réforme. Sais-tu ce que je viens faire en France ? un de mes amis me mande que tous les jours, mon père pleure ma mort, dont il s'accuse d'être l'auteur. Je ne veux plus lui causer de nouveaux chagrins, j'ai vingt-cinq ans, il est temps de prendre un état. Depuis long-temps mon père exerce la médecine avec honneur à Nevers, je veux lui succéder. En un mot, je ne reviens que pour me faire médecin.

#### FRONTIN.

J'entends, monsieur votre père vous cédera

son fonds et se retirera, vivat, monsieur, on nous attend sans doute.

### BELFORT.

Eh! non vraiment, je veux leur ménager une surprise agréable. Me voici donc enfin de retour dans mon pays, je n'espérois plus le revoir, et ma chère Euphémie, comme elle doit être belle à présent, n'est-ce pas Frontin?

### FRONTIN.

Elle doit être charmante. Cette Euphémie est sans doute une des maîtresses que vous avez laissées dans votre patrie, et que vous vous flattez de retrouver fidelle.

### BELFORT.

Euphémie, Frontin, est la seule que j'aime. Belfort n'a jamais aimé qu'Euphémie, et Belfort l'aimera toujours.

### FRONTIN.

Belfort fut souvent infidèle, et Belfort le sera toujours. Il vous sied bien de vous vanter d'être constant? quand il n'y auroit que cette petite aventure galante qui vous a forcé de vous expatrier.

### BELFORT.

Bah! folie de jeunesse et rien de plus. J'étois

à Paris , la maîtresse d'un homme en place s'avise de me soupçonner un peu de mérite , il étoit de mon honneur de lui prouver qu'elle ne se trompoit pas. Je fus cruellément puni de cette prétendue bonne fortune , par les trois mois que l'amant titré de la belle , de concert avec mon père , me fit passer au fond d'une prison d'état , où je serois encore peut-être , si l'aimable fille de mon geolier , ne m'eût procuré les moyens de gagner les pays étrangers. Être enfermé parce qu'on est aimable! C'est cruel ?

FRONTIN.

Oh! cela crie vengeance, monsieur , mais c'est par-tout de même, par-tout le mérite est persécuté. A Madrid, nous sommes obligés de sauter par une fenêtre , pour sauver l'honneur d'une femme dont le mari nous attendoit au bas de l'escalier. A Rome , je reçois dans ma redingote un coup de poignard qui vous étoit destiné. En Turquie, j'ai vu le moment où l'on alloit empaler le valet, et mettre le maître hors d'état de faire jamais de sottises. A Turin , déguisé en femme de chambre , vous avez le malheur de plaire en même-temps à la femme comme un joli garçon , et au mari comme une jeune et fraîche soubrette. Je ne sais si vous vous rappelez le coup d'épée , qui vous retint six semaines à Berlin , mais je n'ai pas oublié , moi , ce fameux combat à coups de poing que je fus obligé de soutenir à Londres , contre cet honnête artisan , avec la femme du quel vous causiez pendant que nous nous battions. Par-tout nous avons trouvé matière à maudire la méchanceté des hommes.

### BELFORT.

Et par-tout matière à bénir la bonté des femmes.

### FRONTIN.

Oh ! cela s'arrangeoit à merveilles , monsieur prenoit pour lui les caresses des femmes et me laissoit les coups de bâton des hommes.

### BELFORT.

Que veux-tu , mon cher Frontin , les femmes m'ont perdu. En deux mots voici mon histoire :

### AIR.

Enfant chéri des Dames ,
Je fus en tous pays
Fort bien avec les femmes ,
Mal avec les maris.
Pour charmer l'ennui de l'absence ,
A vingt beautés je fais la cour ,
Laissant aux sots l'ennuyeuse constance ,
Je les adore tour-à-tour.
Un nouveau goût s'éveille ,
J'entends à mon oreille ,

Le Dieu d'amour me répéter tout bas :
   Enfant chéri des dames,
   Sois dans tous les pays
   Fort bien avec les dames,
   Mal avec les maris.
   Mais le ciel me seconde,
   Et veut faire, je croi,
   L'ami de tout le monde
   D'un homme tel que moi.
   Me voici dans la France,
   Tout ira pour le mieux,
   Car on aime l'aisance
   Dans ce climat heureux ;
Non, il n'est point de climat plus heureux,
   Car les amans des dames
   Dans ce charmant pays,
   Sont bien avec les dames,
   Bien avec les maris.

### FRONTIN.

Eh bien ! et cette Euphémie dont vous me parliez tout-à-l'heure.

### BELFORT.

Ah ! c'est différent, celle-la, je l'aime sérieusement. Conçois-tu mon cher Frontin le bonheur dont je vais jouir ; depuis deux ans on n'a reçu de moi aucune nouvelle, on me croit mort, et tout-à-coup je ressuscite.

### FRONTIN.

**FRONTIN.**

Quelle joie ! Quel transport dans toute la famille !

**BELFORT.**

Quoi c'est lui ! le voilà de retour. Est-il possible ?

**FRONTIN.**

Ah ! mon cher Belfort !

**BELFORT.**

Ah ! ma chère Euphémie !

**FRONTIN.**

Comme il est grandi ! comme il est changé ! embrasse-moi, embrasse-la.

**BELFORT.**

Moi., j'embrasse tout le monde, et sur-le-champ je songe à mes affaires. Mon père est son tuteur, j'arrive demain, et je l'épouse après demain.

*On aperçoit de la lumière dans la chambre d'Euphémie, et on entend un prélude de harpe.*

**BELFORT.**

N'est-ce pas une harpe que j'entends ?

**FRONTIN.**

Oui, vraiment; pour nous indemniser de notre insomnie, on veut nous donner un concert.

B

EUPHÉMIE, *chante en s'accompagnant.*

*1er. couplet.*

Dans l'asile de l'innocence,
Amour, pourquoi m'embrâser de tes feux?
Eloigne-toi, la froide indifférence
Doit seule régner dans ces lieux.

FRONTIN.

C'est quelqu'infortunée Visitandine, qui sortiroit peut-être du Couvent avec autant de plaisir que nous y serions entrés tout-à-l'heure.

BELFORT.

Frontin, connois-tu cette voix?

FRONTIN.

Eh! d'où diable voulez-vous que je la connoisse?

BELFORT.

Je ne puis m'y tromper, c'est elle-même.

FRONTIN.

Comment, monsieur, auriez-vous quelque connoissance à sa visitation?

EUPHÉMIE.

*2me. couplet.*

Toi que j'aime plus que ma vie,
Que je voudrois en vain ne plus chérir,

Belfort, Belfort, de la triste Euphémie,
As-tu gardé le souvenir ?

### BELFORT.

Ah ! Grand Dieu ! c'est elle, je n'en puis plus douter.

### FRONTIN.

Comment ! c'est votre Euphémie ?

### BELFORT.

Elle semble douter de ma fidélité, et c'est elle qui m'abandonne.

### FRONTIN.

Du moins si elle n'étoit que mariée, on pourroit s'arranger avec le mari, mais là, il n'y a plus de ressource.

### EUPHÉMIE.

*3ᵐᵉ. couplet.*

Bientôt un ordre irrévocable,
De t'oublier m'imposera la loi ;
Je sens qu'alors je deviendrai coupable,
Car je ne puis aimer que toi.

### FRONTIN.

Allons, monsieur, consolez-vous ; il paroît, par le dernier couplet, qu'elle n'est encore que fiancée.

B 2

BELFORT.

Comment fiancée ?

FRONTIN.

Je veux dire novice.

BELFORT.

Dissipons ses inquiétudes ; il faut lui répondre sur le même air.

FRONTIN.

C'est dommage que nous n'avons pas de harpe pour nous accompagner.

BELFORT *chante.*

Rassurez-vous. . . . .

*On entend sonner les matines, et le bruit des cloches couvre la voix de Belfort.*

FRONTIN.

Nous nous plaignions de ne pas avoir d'accompagnement.

*Les cloches cessent.*

BELFORT *chante.*

Rassurez-vous, belle Euph. . . . .

*Les cloches reprennent avec plus de vivacité.*

FRONTIN.

Mais il ne faudroit pas que l'accompagnement étouffât la voix.

### BELFORT.

Au diable les cloches, et celles qui les sonnent.

### Une voix en dedans.

Eh bien, sœur Euphémie, entendez-vous sonner les matines?

### FRONTIN.

Ah ! ce sont les matines.

### EUPHÉMIE.

Je descends, ma mère, je descends.

*La fenêtre se ferme, on emporte la lumière,
et le jour vient peu-à-peu.*

---

# SCÈNE VII.

## BELFORT, FRONTIN.

### BELFORT.

CES choses-là ne sont faites que pour moi. Mon
mariage étoit conclu, voilà ma femme qui se fait
religieuse ; je veux chanter, on sonne les matines, et je les laisserois tranquillement enlever
mon Euphémie? Non, morbleu.

### FRONTIN.

Vous ne pouvez pas décemment la laisser

dans une sotte communauté, dont la tourière nous refuse un asile, et se fâche de ce qu'on la prend pour une servante d'auberge.

BELFORT.

J'ai fait dans ma vie mille extravagances pour des femmes que je n'ai jamais aimées, et pourquoi donc n'en ferois-je pas pour celle que j'aime? Frontin, te sens-tu capable de me seconder?

FRONTIN.

C'est une injure que d'en douter, monsieur, vous m'avez vu dans l'occasion.

BELFORT.

L'entreprise est périlleuse, mon ami.

FRONTIN.

Allons donc, fussent-elles vingt nonnes là dedans, je me sens en état de leur tenir tête.

BELFORT.

Diable! c'est qu'il n'y a pas de milieu; il faut l'enlever ou la perdre.

FRONTIN.

Eh bien! monsieur, enlevons-la.

BELFORT.

Oui, mais comment?

FRONTIN.

Ah ! comment ?

TRIO.

BELFORT.

Si je pouvois, Frontin, adroitement
Me ménager une entrée au couvent.

FRONTIN.

Ménagez-vous une entrée au couvent,
Frontin alors vous suit aveuglément.

BELFORT.

J'imagine un bon artifice,
Prenons des sœurs et l'habit et le ton,
Demain dans la Sainte-Maison,
Je me fais recevoir novice.

FRONTIN.

Pour vous c'est un fort bon moyen,
Fille ou garçon vous êtes toujours bien ;
Je suis f rt bien aussi, mais j'ai la arbe
                épaisse,
    Et s'il faut malheureusement
Qu'une des sœurs à cela se connoisse,
    On va me chasser du couvent.

BELFORT.

Dans le couvent déjà l'on se réveille ;

Voici le jour, n'allons pas nous trahir.

FRONTIN.

Cachons-nous, et prêtons l'oreille,
Car j'entends la porte s'ouvrir.

*Ils se cachent tous deux.*

---

# SCÈNE VIII.

LES PRÉCÉDENS *cachés*, GRÉGOIRE,
passablement ivre, portant *un panier couvert
d'une serviette.*

GRÉGOIRE.

Quand je suis saoul dès le matin,
On m'accuse d'aimer le vin,
Et de négliger le jardin
Du monastère.
Eh! ventre gué comment donc faire?
Pour l'empêcher d'aimer le vin,
Mes sœurs, apprenez à Grégoire
Comment on travaille sans boire.

FRONTIN, *caché.*

Ah! dans ta place heureux coquin,
Comme travailleroit Frontin.

BELFORT.

Monsieur Frontin veut-il se taire.

### GRÉGOIRE.

Or sus, plus de propos. Lisons.
Sur l'agenda de mes commissions,
   Ce qu'à la ville je vais faire.

### BELFORT et FRONTIN.

   Chut, écoutons.

### GRÉGOIRE, *lisant*.

Grégoire ira d'abord,
S'informer sur le port,
De la sœur Séraphine.
Qui doit venir en ce canton,
Attendu que l'air en est bon,
Si l'on en croit la médecine.

### BELFORT, *caché*.

Ah ! sous le nom de cette sœur,
Ne pourrai-je pas m'introduire ?

### FRONTIN, *caché*.

Mais parlez donc plus bas, monsieur,
Et jusqu'au bout laissez-le lire.

### GRÉGOIRE *lisant*.

Puis au couvent des Capucins,
Prier le père Boniface
D'envoyer, un de ces matins,

Un révérend père en sa place ;
Il est malade , et chaque sœur
Pour son salut tremble de peur.

FRONTIN.

Ah ! sous le nom de Directeur ,
Ne pourrai-je pas m'introduire ?

BBLFORT.

Parle plus bas du Directeur ,
Et jusqu'au bout laisse-le lire.

FRONTIN.

Mais si vous passez pour la sœur ,
Je puis bien passer pour le père.

BELFORT.

Monsieur Frontin veut-il se taire.

GREGOIRE.

Item , offrir au revérend ,
De la part de la sœur Ste.-Ange ,
Un gâteau de fleur de froment
Assaisonné de fleur d'orange.

BELFORT.

Ah ! le pauvre homme.

GREGOIRE.

Item , de fort bon chocolat.

**FRONTIN.**

Ah ! le pauvre homme.

**GREGOIRE.**

Item , des fruits en confiture.

**BELFORT et FRONTIN.**

Ah ! le pauvre homme.

**GREGOIRE.**

Item, d'excellent vin muscat
Au nom de sœur Bonaventure.

*Tous trois.*

Et le pauvre homme ainsi reçoit de chaque
    sœur,
De quoi réconforter ses entrailles sacrées ;
Ah ! de ces nonettes sucrées

**BELFORT.**

Il est doux d'être directeur.

**FRONTIN et GREGOIRE.**

Je voudrois être directeur.

---

# SCENE VIII.

Les Précédens , un Cocher *ivre comme Grégoire.*

**LE COCHER.**

HOLA ! Eh ! l'ami , suis-je loin de l'endroit
où je vais , par parenthèse ?

GREGOIRE.

A qui parlez-vous ?

LE COCHER.

A vous.

GREGOIRE.

Passez votre chemin, l'ami ; les ivrognes doivent laisser les honnêtes gens en repos.

LE COCHER.

Ivrogne toi-même, entendez-vous ; un peu de politesse, s'il vous plait. Sachez qu'on doit plus de respect au cocher de la diligence.

GRÉGOIRE.

Un cocher de diligence, voilà des voyageurs bien menés (*).

BELFORT et FRONTIN, *cachés.*

Le cocher de diligence !

LE COCHER.

Faites-moi le plaisir, mon ami, de me dire où est le couvent de la Visitandine ?

GREGOIRE.

La Visitandine, ah ! ah ! ah ! la Visitation donc ; qu'est-ce que vous lui voulez dire ? parlez je suis de la maison.

LE COCHER,

Vous ? plaisante religieuse, ah ! ah ! ah !

----

(*) Ce mot, et une infinité d'autres, sont de M. Julliet.

### GRÉGOIRE *riant.*

Il est si saoul, qu'il me prend pour une religieuse.

### LE COCHER.

N'importe, je vais toujours vous dire le sujet de ma commission.

### GRÉGOIRE, *le repoussant.*

Parlez d'un peu plus loin, mon ami, vous sentez le vin.

### LE COCHER.

Soyez donc honnête, que diable !... je vous dirai qu'il y a aujourd'hui huit jours, qu'on m'a retenu une place pour une certaine sœur qui doit venir dans ce couvent.

### GRÉGOIRE.

J'entends ; c'est la sœur Séraphine.

### LE COCHER.

Précisément. Or donc, cette sœur Séraphine ne peut pas encore venir. Et voilà une lettre et son paquet que j'apporte à sa place.

### BELFORT, *caché.*

Que peut donc contenir cette lettre ?

### FRONTIN, *caché.*

Le meilleur moyen de le savoir, c'est de nous emparer de la lettre et des habits.

*Finale.*

### LE COCHER.

On m'a de ce billet
Chargé pour votre abbesse;
Et je vais, s'il vous plait,
Le rendre à son adresse.

### GRÉGOIRE.

N'allez pas réveiller
Notre supérieure;
Monsieur, pour lui parler,
Choisissez une autre heure.

### LE COCHER.

Pour attendre suis-je donc fait;
Le diable emporte les béguines.

### GRÉGOIRE.

Parlez mieux des visitandines;
Point d'insolence, s'il vous plait.

| GRÉGOIRE. | LE COCHER. |
|---|---|
| Si je suis doux de ma nature, | Je suis fort doux de ma nature, |
| Sachez que je ne souffre pas | Cependant je ne souffre pas |
| Qu'on leur fasse la moindre injure, | Qu'on me fasse la moindre injure, |
| Ou qu'on apprend ce que pèse mon bras. | Ou l'on apprend ce que pèse mon bras. |

FRONTIN et BELFORT, *s'avançant et parlant l'un à Grégoire, l'autre au Cocher.*

Hé ! messieurs, messieurs, quel tapage !
Plus que lui, monsieur, soyez sage.
D'un homme ivre on doit tout souffrir,
Il a tant bû qu'à peine il peut se soutenir.

GRÉGOIRE et LE COCHER, *se moquant l'un de l'autre.*

Il a tant bû qu'à peine il peut se soutenir ;
Allez, mon pauvre ami, si vous n'étiez pas
    ivre,
Je vous aurois appris à vivre ;
Mais passez-moi votre chemin,
J'ai toujonrs respecté le vin.

FRONTIN et BELFORT.

Comme moi, de la tempérance,
Monsieur fait un grand cas à ce qu'il me pa-
    roît.
   Si monsieur le vouloit,
   Au prochain cabaret,
Nous pourrions faire connoissance.

GREGOIRE et LE COCHER.

Monsieur, vous me voyez tout prêt,
   Je n'ai refusé de ma vie,

Une aussi galante partie.

Ah! l'honnête homme que voilà!

Acceptons ce qu'il nous propose,

Mais aucun excès pour cela;

La tempérance est une belle chose.

### BELFORT et FRONTIN.

Quand ils seront de bonne humeur
On en saura bien faire
Tout ce qu'on en veut faire.
Vous, vous passerez;  } Pour la sœur.
Moi, je passerai.
Moi, je passerai;  } Pour le père.
Toi, tu passeras.

*Tous quatre.*

Dans le vin noyons notre humeur,
Nous n'avons rien de mieux à faire:
Chacun court après le bonheur,
Et je le trouve au fond de mon verre.


*Fin du premier Acte.*


ACTE

# ACTE II.

*Le théâtre représente le grand parloir du Couvent.*

## SCENE PREMIERE.

### M. BELFORT, EUPHÉMIE, LA TOURIERE.

*Belfort et Euphémie sont sur le devant de la scène. La Tourière est assise dans le fond ; elle travaille, et interrompt de temps en temps son ouvrage pour écouter ce que disent Belfort et Euphémie.*

#### M. BELFORT.

ENFIN, ma chère Euphémie, on ne peut pas disputer des goûts. Tu aimes mieux un couvent qu'un mari. Eh bien, t'y voilà. Mais à ta place, moi, j'attendrois encore pour prononcer mes derniers vœux. Nous savons d'où provient cet excès de ferveur ; mon fripon de fils....

#### EUPHÉMIE.

Croyez, M. Belfort, que je desire bien sincérement le retour de votre fils, pour vous, mais non pour moi. J'ai trouvé dans cette maison un asile que je ne veux jamais quitter ; ma vocation est parfaitement décidée, et.... Vous ne recevez pas toujours de nouvelles ?

C

BELFORT.

De mon fils ? non. Il court le pays sans doute,
sous la conduite de M. Frontin son digne valet.
J'ai peut-être été un peu trop sévère à son égard,
j'en conviens ; mais le drôle m'en punit assez
depuis deux ans qu'il me laisse dans l'inquiétude.
Cependant, je ne désespère pas encore de le
revoir. Que sait-on ? il m'a peut-être écrit à Nevers ; il ne sait pas qu'une prétendue vocation
t'a fait entrer dans cette maison, et que moi par
amitié pour toi, j'ai laissé à Nevers mon état,
mes malades pour venir m'établir dans la ville
voisine, où, grace au ciel et à mon foible mérite, j'ai mis tous les habitans dans la fantaisie
de ne pas se faire enterrer par d'autre que par
moi. S'il revenoit ?

EUPHEMIE.

Croyez encore une fois, mon cher tuteur,
que son retour ne changeroit rien à ma résolu-
tion. De grace, laissons cela.

BELFORT.

Allons, n'en parlons plus. ( *A la tourière qui
s'avance.* ) Vous dites donc, ma sœur, que
madame l'Abbesse n'est pas encore visible ?

LA TOURIERE.

Non, M. le docteur, Madame auroit desiré

que vous vinssiez un peu plus tard. Il doit nous
arriver ce matin une novice d'un couvent étran-
ger, à qui les médecins ont conseillé de prendre
l'air de ce pays.

### BELFORT.

Eh bien, je reviendrai ; je verrai en même-
temps toutes mes autres malades. Je m'en fuis ;
car toute la ville m'attend. Bon jour, mon
Euphémie. Sans adieu, ma sœur.

*Le docteur sort, la tourière le reconduit et rentre
dans le couvent.*

## SCENE II.

### EUPHEMIE *seule.*

Mon tuteur ne l'a que trop bien deviné, j'ai la
force de le cacher aux autres. Mais je ne puis me
le cacher à moi-même. C'est l'absence de son fils
qui m'a conduite ici. *Elle tire un portrait de son
sein.* Ce portrait ne sert qu'à nourrir ma douleur.
Je trahis mon devoir en le conservant, et je n'ai
pas la force de m'en séparer.

### AIR.

O toi dont ma mémoire
A conservé les traits,
En vain a-t-on pu croire
Qu'ici je t'oublierais !

Malgré ta perfidie,
Infidèle Belfort,
La trop foible Euphémie
Voudroit te voir encor.
Reviens et je brise ma chaîne ;
Ton absence en ces lieux seule a pu m'entraîner,
Elle est ma seule peine,
Et mon plus grand désir est de te pardonner.

*Ou entend la sonnette de la tourière.*

On sonne, cachons ce portrait. Fuyons. Ah ! combien la solitude m'est chère ; ce n'est que quand je suis seule, que je peux causer avec lui.

*Elle sort et cache le portrait dans son sein.*

## SCENE III.

### LA TOURIERE, GREGOIRE, BELFORT en Religieuse.

*On sonne encore, la tourière traverse le théâtre.*

#### LA TOURIERE.

EH bon dieu ! bon dieu ! quel train ! on diroit que le feu est au couvent. Attendez, on y va. On y va. Ah ! C'est vous, Grégoire ?

GREGOIRE *derrière la grille.*

Moi-même, ma sœur, et pas seul, comme

vous voyez ; c'est la sœur Séraphine que je vous amène.

LA TOURIERE *ouvrant la porte.*

Ah ! comme elle paroît douce et aimable. Entrez, entrez ma sœur.

BELFORT et GRÉGOIRE *passent dans la partie intérieure.*

Dame ! C'est une sœur faite tout exprès pour le couvent.

LA TOURIERE.

Vous étiez attendue ici avec impatience ; voulez-vous bien permettre, ma sœur ?

*Elle l'embrasse.*

BELFORT.

Bien volontiers, ma sœur.

LA TOURIERE.

Je cours avertir madame l'Abbesse. Mais asséyez-vous donc, de grace. Eh bien ! comment vous trouvez-vous à présent ?

BELFORT.

Beaucoup mieux depuis que je suis ici.

LA TOURIÈRE.

Ah ! ma sœur, vous êtes tombée ici, dans une maison... Je crois que le Seigneur a pour elle

C 3

une prédilection particulière.... toutes nos sœurs
sont si vertueuses, si méritantes ; ce n'est pas
que je les regarde comme parfaites. Par exemple,
sœur Ste.-Anne est bavarde, sœur Joséphine est
coquette, sœur Augustine fait la prude. Moi,
qui vous parle. je suis d'une étourderie, d'une
vivacité... mais on se passe mutuellement ses
petits défauts. Sœur Euphémie encore....

### BELFORT.

Sœur Euphémie... et quel est donc son dé-
faut à elle ?

### LA TOURIERE.

Ne me trahissez pas. Elle n'a pris le voile que
par désespoir d'amour ; je suis au fait. Elle aime un certain Belfort.

### BELFORT.

Bon ?

### LA TOURIERE.

Oui, un mauvais sujet, qui s'est fait renfer-
mer pour ses fredaines ; mais, grâce au ciel, la
voilà tout-à-fait dans le port ; lundi elle prononce ses derniers vœux.

### BELFORT.

Lundi... en effet... la voilà dans le port.

Sœur Euphémie vous a donc mise dans sa confidence ?

### LA TOURIERE.

Sœur Euphémie ? Elle est trop fière pour parler à personne. Mais vous sentez bien qu'à mon âge, quand on a de l'expérience, on se connoît en amour.

### BELFORT.

Comment, ma sœur, est-ce que vous auriez passé par-là ?

### LA TOURIERE.

*Couplets.*

Ah ! de quels souvenirs affreux
Votre demande m'a frappée ;
Un jour nous nous connoîtrons mieux :
Vous saurez comme on m'a trompée.
Le ciel en nous donnant un cœur,
Nous fit un présent bien funeste.
Vous m'entendez, ma chère Sœur,
Daignez m'épargner le reste.

Dans cette maison, à quinze ans,
Je n'étois que pensionnaire ;
Un jeune abbé des plus charmans
Logeoit au prochain séminaire ;
Un certain jour il vint me voir,
Il avoit un air tout céleste,
Et sans la grille du parloir,
Daignez m'épargner le reste.

Mais, adieu, ma sœur, votre entretien a tant de charmes, qu'on oublie tout auprès de vous. Je cours avertir madame l'Abbesse. Ne vous dérangez pas, je vous en prie.

---

## SCENE IV.

### BELFORT, GRÉGOIRE.

#### GRÉGOIRE.

AH! ça, monsieur, vous voilà dans le couvent; n'allez pas faire de sottises au moins.

#### BELFORT.

Ah! monsieur Grégoire, pouvez-vous penser que sous cet habit?...

#### GRÉGOIRE.

Je ne m'y fierois pas! l'habit ne fait pas le moine. Votre valet m'a dit que vous étiez un petit libertin.

#### BELFORT

Autrefois, dans ma jeunesse; mais je suis tout-à-fait converti.

#### GRÉGOIRE.

Et pour mieux faire pénitence, vous venez passer une petite retraite à la Visitation. Comment diable vous résister ssi? vous me don-

nez beaucoup d'argent, vous m'en promettez
bien davantage ; et pour m'achever, vous m'en-
traînez au cabaret ; mais c'en est fait, morbleu,
je ne veux plus boire de ma vie.

### BELFORT.

Et moi. je veux être fidèle à mon Euphémie
jusqu'à la mort.

### GRÉGOIRE.

Écoutez donc, ma chère sœur, sermens d'ivrogne que tout cela.

### BELFORT.
#### *Duo.*

J'ai bien souvent juré d'être fidèle ;
Si j'ai trahi de semblables sermens,
C'est qu'ils n'étoient pas faits pour elle ;
Le serment d'aujourd'hui tiendra bien plus
     long-temps ?

### GRÉGOIRE.

J'ai bien souvent juré de ne plus boire,
Mais pour tenir de semblables sermens,
Moi, je n'ai jamais de mémoire ;
Le serment d'aujourd'hui tiendra-t-il plus
     long-temps ?
Mais, puisqu'enfin la folie est faite,
Daignez au moins écouter mes leçons.

BELFORT.

Je saurai bien d'une jeune nonette
Prendre à propos les airs et les façons.
     A sa toilette un peu coquette,
     Prude ailleurs, même en badinant,
     Dans ses discours, jamais discrette,
     Et médisante assez souvent ;
     Son langage est toujours mistique :
     A tous propos, avec ferveur,
     Poussant un soupir méthodique,
     Elle répond : *Ave*, ma sœur.

GRÉGOIRE.

Gardez-vous bien de vous rendre coupable,
Et soyez sage au moins par charité ;
De vos méfaits, dans la communauté,
     Songez que je suis responsable.

BELFORT.

Ah ! tu peux croire à mes sermens.

GRÉGOIRE.

A vos sermens je n'ose croire.

| GRÉGOIRE. | *Ensemble.* | BELFORT. |
|---|---|---|
| J'ai bien souvent juré de ne plus boire ; | | J'ai bien souvent juré d'être fidèle ; |
| Mais pour tenir de semblables sermens, | | Si j'ai trahi de semblables sermens, |
| Moi, je n'ai jamais de mémoire. | | C'est qu'ils n'étoient pas faits pour elle. |
| Le serment d'aujourd'hui tiendra-t-il plus long-temps? | | Le serment d'aujourd'hui tiendra bien plus long-temps. |

*On entend le bauardage de deux sœurs.*

### GRÉGOIRE.

Chut , voici la tourière qui revient avec madame l'abbesse.

### BELFORT.

Souviens-toi de tout ce que tu dois dire.

### GRÉGOIRE.

Pour vous, vous voilà instruit.

### BELFORT.

Je sais mon rôle , comme si j'avois été nonne toute ma vie.

---

# SCÈNE V.

## LES PRÉCÉDENS, L'ABBESSE, LA TOURIÈRE, deux SŒURS converses.

### LA TOURIÈRE, *parlant de la coulisse.*

Oui, madame, charmante, en vérité ; enfin, vous en serez contente.

### L'ABBESSE, *à Belfort qui veut se lever.*

Restez , restez , ma chère enfant, je vous en prie ; je n'aime pasqu'on se dérange pour moi, sur-tout quand on est malade. Un fauteuil, sœur Bonaventure.

**LA TOURIÈRE** *apportant un fauteuil.*

Le voici, madame.

**UNE SŒUR** *de même.*

N'est-ce pas un fauteuil que madame demande? le voilà

**L'AUTRE SŒUR** *de même.*

Rangez-vous donc Grégoire, que je donne un fauteuil à madame.

**L'ABBESSE.**

Eh bien, Grégoire, le père Boniface.

**LA TOURIÈRE.**

Ah! le père Boniface? comment se porte-t-il, Grégoire?

**GRÉGOIRE.**

Bien doucement, madame, bien doucement.

**LA TOURIÈRE.**

Que Dieu nous le conserve. Vous ne connoissez pas le père Boniface, sœur Séraphine? quelle perte pour le couvent, si le ciel rappeloit à lui ce saint homme! Un homme, qui ne fait jamais un pas sans sauver une ame ou deux, plus ou moins.

**BELFORT.**

Et quelle est donc sa maladie?

### LA TOURIÈRE.

Il est enrhumé, ma sœur.

### GRÉGOIRE.

Oh ! oui, bien enrhumé. Et comme il ne pourra pas encore sortir de sitôt, il a engagé le père Hilarion, un de ses jeunes confrères, plein de zèle et de ferveur, à venir rendre ses devoirs à ces dames pendant leur veuvage.

### LA TOURIÈRE.

Une jeune personne toute charmante, et un nouveau directeur qui nous arrivent à la fois, mais c'est un jour de bénédiction pour le couvent !

### GRÉGOIRE.

Le père Hilarion doit venir sans façon demander à déjeûner à madame ce matin.

### L'ABBESSE.

Comment à déjeûner, et rien n'est prêt encore ? En vérité, sœur Bonaventure, vous ne pensez à rien.

### LA TOURIÈRE.

Mais, madame, je ne savois pas.

### L'ABBESSE.

Mais il faudroit savoir, ma sœur, je donne aujourd'hui à déjeûner à tout le couvent. Entendez-vous ; allez, allez tout préparer.

LA TOURIÈRE.

Eh bien, madame, j'y vais, j'y vais.

GRÉGOIRE.

Madame n'a plus rien à m'ordonner?

L'ABBESSE.

Non, vous pouvez nous laisser. Mais je vous en prie, Grégoire, n'allez pas comme à l'ordinaire passer toute votre journée au cabaret.

GRÉGOIRE.

Au cabaret, madame. Ah! fi donc, je ne suis pas fait pour fréquenter de pareils lieux. Tout-à-l'heure encore, je jurois de n'y jamais mettre les pieds.

L'ABBESSE.

Il ne faut pas jurer, mon garçon.

GRÉGOIRE *en s'en allant.*

Elle a raison notre chère Abbesse, il ne faut jurer de rien, il pourroit se trouver une occasion, on ne sait ce qui peut arriver....

---

# SCÈNE VI.

## L'ABBESSE, BELFORT.

L'ABBESSE.

MAIS en vérité ma sœur, plus je vous examine, et plus je me persuade que madame votre

Abbesse a voulu me ménager une surprise agréable.

### BELFORT.

Comment donc cela, madame?

### L'ABBESSE.

C'est que vous ne ressemblez pas du tout au portrait qu'elle m'a fait de vous dans sa lettre.

### BELFORT.

Est-il possible?

### L'ABBESSE.

Vous pouvez en juger vous-même, j'ai sa lettre sur moi, écoutez ; (*elle lit*) : « L'homme propose et Dieu dispose, ma chère sœur ; une de nos novices, sœur Séraphine, vient d'essuyer une longue et terrible maladie, à la suite de laquelle il lui est resté une toux sèche et fréquente : (*ici Belfort tousse*). On dit l'air de votre pays extraordinairement bon pour les convalescentes, je prendrai donc la liberté de vous l'envoyer pour trois ou quatre mois ; c'est une fille sage, modeste ; elle n'est ni de la première jeunesse, ni de la première beauté ». Je vous demande, ma sœur, si cela peut vous convenir ?

### BELFORT.

Hélas ! madame, des personnes comme vous

et moi doivent-elles s'enorgueillir de leur jeunesse et de leur beauté ?

### L'ABBESSE.

Vous avez raison, ma chère enfant, et moi qui vous parle je suis la-dessus de la plus grande insouciance ; mais je vous trouve tout-à-fait bien, je vous assure, pour une malade sur-tout.

### BELFORT.

Vous avez bien de la bonté, madame.

### L'ABBESSE *continuant de lire.*

„ Ni de la première beauté... Mais en revan-
„ che personne ne possède à un plus haut degré
„ de perfection, tous ces petits talens innocens
„ qui nous aident à passer le temps et à nous
„ préserver de la tentation. Personne ne sait
„ mieux, par exemple, chanter des noëls et des
„ cantiques, découper des agnus, faire des con-
„ fitures et des bonbonnières, et apprendre à
„ parler aux perroquets „.

### BELFORT.

Ah ! madame, que je suis loin d'être aussi savante que vous pourriez le présumer.

### L'ABBESSE.

Ah ! de la modestie, ma sœur, allons ne vous
faites

faites pas prier; il faudra nous chanter, à déjeuner, un de ces cantiques que vous chantez
si bien.

### BELFORT.

Ah! madame, oubliez-vous que ma poitrine?..
*il tousse.* Cette malheureuse maladie m'a fait perdre toute ma voix.

---

## SCENE VII.
## LES PRÉCÉDENS, TOUTES LES RELIGIEUSES.

### LA TOURIERE.

Venez, venez, mes sœurs, la voilà, la voilà.

### L'ABBESSE.

Allons, embrassez toutes la nouvelle arrivée.

### BELFORT.

J'allois vous demander moi-même la permis-
sion d'embrasser mes nouvelles compagnes.

### S. JOSÉPHINE.

Je n'ai jamais embrassé aucune de nos sœurs
avec autant de plaisir.

### S. AGNÈS.

Si elle eût été ici cette nuit, l'orage m'auroit fait moins peur; elle a l'air d'avoir du courage.

D

##### S. URSULE.

C'est la dernière venue, mais j'en veux faire ma bonne amie.

##### S. EUPHÉMIE, *au moment où Belfort va pour l'embrasser ; elle le reconnoît, jette un cri de surprise et tombe évanouie dans ses bras.*

Ah!... ah! dieux !

##### BELFORT.

Ah ! mon dieu ! mon dieu ! elle se trouve mal. Elle s'évanouit, mes sœurs. . . .

##### JOSÉPHINE.

Voici de l'eau de Cologne.

##### AGNÈS.

Eh ! non, l'eau de mélisse est meilleure.

##### URSULE *fouillant dans ses poches.*

Ah ! bon dieu! qu'est-ce que j'ai donc fait de mon éther ?

##### L'ABBESSE.

Ce que c'est que de nous ; cependant, desserrez-la donc, sœur Sainte-Ange.

##### BELFORT *qui n'a point quitté Euphémie.*

La voilà, la voilà qui revient.

##### LA TOURIÈRE.

Qu'elle est intéressante!

### BELFORT.

A qui le dites-vous, ma sœur?

### L'ABBESSE.

Eh bien! mon enfant, comment vous trouvez-vous?

### EUPHÉMIE.

Très-bien, madame; ce n'est rien.

### BELFORT.

Une vapeur qui vous aura prise?

### EUPHÉMIE.

Pas autre chose.

### LA TOURIERE.

Tenez, sœur Euphémie, voilà ce que j'ai trouvé en vous desserrant; eh! c'est un portrait!

### EUPHÉMIE.

Ah! je sais ce que c'est, un portrait que j'ai fait de mémoire.

### JOSEPHINE.

Voyons-le donc; oh! le joli jeune homme!

### L'ABBESSE *le prenant.*

Eh! mais.... attendez donc,... je ne me trompe pas; c'est le portrait de sœur Séraphine.

### BELFORT.

Mon portrait? oh! c'est singulier.

D 2

L'ABBESSE.

Oui, voilà tous vos traits ; seulement ici vous
êtes en fille, et là vous êtes en homme.

BELFORT.

C'est mon frère, sans doute, vous connoissez
l'original du portrait.

EUPHÉMIE.

Je l'ai connu autrefois.

BELFORT.

C'est lui-même, un jeune homme de vingt-cinq
ans à-peu-près, n'ayant des yeux au monde que
pour une jeune personne charmante qu'il adore
depuis son enfance ; n'est-il pas vrai ?

EUPHÉMIE.

Ce n'est donc pas celui que j'ai connu.

BELFORT.

Oh ! c'est bien lui, vous voulez dire qu'il a
fait quelques étourderies ; si vous saviez comme
il s'en est repenti, comme il est devenu sage
et raisonnable (*à l'abbesse*). Vous me pardon-
nerez, madame, de mettre un peu de chaleur
à défendre un frère, que j'ai toujours regardé
comme un autre moi-même.

L'ABBESSE.

Comment donc ? c'est bien naturel, ma chère
enfant, bon sang ne peut mentir. Il est fort bien

au moins ce jeune homme; en changeant son costume, on le prendroit pour un chérubin.

### BELFORT.

Il s'en faut pourtant que l'original soit un ange.

### LA TOURIÈRE.

Madame, madame, ou je me trompe fort, ou voici le père Hilarion.

### L'ABBESSE.

Mes sœurs, c'est un nouveau Directeur qui nous arrive, prenez l'extérieur qui vous convient en pareille circonstance, et que votre discrétion fasse honneur au couvent.

---

## SCÈNE VIII.

### LES PRÉCÉDENS, FRONTIN, en *Capucin.*

### FRONTIN.

### AIR.

Le Ciel, mes sœurs, vous tienne en joie,
Je viens vous mettre sur la voie
Qui mène au Ciel directement.
En vous voyant, mes sœurs, on conçoit aisément
Comment le père Boniface,
A vous voir chaque jour, trouve un charme nouveau;
Est-il au monde une plus douce place,
Que celle de pasteur d'un si joli troupeau?

L'ABBESSE.

*Ave*, mon père.

FRONTIN.

Que Dieu vous le rende, ma sœur.

L'ABBESSE.

Soyez le bien-venu, nous avions grand besoin de vous.

FRONTIN.

Je n'ai ni les lumières, ni l'expérience du père Boniface.

LA TOURIÈRE.

Sous le bon plaisir de madame, mon père, le père Boniface a-t-il reçu certaines petites douceurs ?...

FRONTIN.

Oui, oui, ma sœur, je vous en dois même quelques remercîmens, car j'en ai pris ma part.

L'ABBESSE.

Vous nous ferez sans doute l'amitié de déjeuner avec nous, mon père?

FRONTIN.

Hélas! ma sœur, la volonté du Ciel soit faite en toutes choses.

LA TOURIÈRE.

Sœur Séraphine, vous me direz si vous preniez du café aussi parfait que celui-là dans votre couvent ; c'est que c'est moi qui le fait, ma sœur, je suis bien aise de vous le dire.

### FRONTIN.

Aussi le père Boniface ne fait-il jamais l'éloge de votre maison, sans faire en même-temps celui de votre café ; mais il ne faut pas le laisser réfroidir.

### UNE CONVERSE.

Voici monsieur le Docteur.

### FRONTIN.

Il arrive fort à propos pour déjeuner avec nous.

---

## SCÈNE IX.

### LES PRÉCÉDENS, LE DOCTEUR.

### LE DOCTEUR.

BONJOUR, mes aimables malades.

### BELFORT.

Ah ! Ciel ! c'est mon père !

### EUPHÉMIE.

Je tremble !

### LE DOCTEUR.

Eh bien ! comment se porte t-on aujourd'hui,

sœur Agnès ? Nous avons les yeux un peu battus, sœur Ursule ; cette malheureuse migraine a-t-elle enfin quitté prise, sœur Joséphine ? Et vous, madame, comment vous trouvez-vous ?

#### L'ABBESSE.

Ah ! Docteur ! je suis toujours bien foible, bien souffrante ; mais ce n'est pas de moi qu'il s'agit à présent, c'est de notre nouvelle arrivée, sœur Séraphine. Tenez, la voilà, M. Belfort.

#### FRONTIN.

M. Belfort ! seroit-ce son père ? ce maudit docteur me donne la fièvre.

#### LE DOCTEUR.

Eh bien, qu'est-ce ? ma chère enfant ! vous vous cachez, n'ayez point peur, je ne veux point vous faire de mal, donnez-moi votre bras ; le pouls est fort agité.

*Air.*

Regardez-moi.

#### BELFORT.

O ciel ! que faire ?

#### LE DOCTEUR.

Comment ? c'est toi !

#### LES RELIGIEUSES.

Expliquez-nous donc ce mystère ?

EUPHEMIE et FRONTIN.

Oh ! pour le coup, le voilà pris.

BELFORT.

Daignez me pardonner, mon père ?

LES RELIGIEUSES.

C'est votre fille ?

LE DOCTEUR.

Eh ! non, mais c'est mon fils.

L'ABBESSE.

Si par bonheur monsieur son père
N'étoit venu le découvrir,
Après trente ans d'une vertu sévère,
Hélas ! mes sœurs, qu'allois-je devenir ?

FRONTIN.

On a déjà su découvrir ton maître,
Pauvre Frontin, ton tour viendra peut-être.

LE DOCTEUR.

Ainsi depuis deux ans, fripon,
Que vous avez forcé votre prison
En séduisant votre geolière,
Vous êtes donc en garnison
A la Visitation ?

BELFORT.

Ah ! jugez mieux de moi, mon père,

C'est aujourd'hui le premier jour
Que sous l'auspice de l'amour,
J'ai su passer au monastère.

### EUPHÉMIE.

Ah ! monsieur, jugez mieux Belfort,
Il est fidéle et m'aime encor ;
C'est pour moi seule, hélas ! qu'il est coupable.
Punissez-moi, si vous le punissez.

### L'ABBESSE.

Sœur Euphémie en est. O ciel ! en est-ce assez ?
Mon père, hélas ! de ce crime excécrable,
Dites-moi ce que vous pensez ?

### FRONTIN.

Ce que j'en pense ? hélas ! que c'est un grand scan-
dale,
Que dans votre sainte maison,
Sous les habits d'une vestale,
Se soit introduit le démon.

### LE DOCTEUR.

Quel est donc ce révérend père que vous
consultez ?

### L'ABBESSE.

C'est un saint homme, que le père Boniface,
a bien voulu nous envoyer à sa place pendant
sa maladie.

LE DOCTEUR.

Mais le père Boniface se porte à merveilles,
je l'ai vu ce matin ; il se propose de venir vous
voir aujourd'hui. (*Le docteur examinant Frontin qui
fait tout ce qu'il peut pour se cacher*). Daignerez-
vous m'expliquer, mon père ?.. Comment, ma-
raud, c'est toi ?

L'ABBESSE.

Parlez mieux, s'il vous plait, du père Hilarion.

LE DOCTEUR.

Lui ! c'est le valet de chambre de la sœur
Séraphine.

L'ABBESSE.

O ciel ! c'est un impudent valet.

FRONTIN.

Ah ! ça écoutez donc, mesdames, point d'in-
jures, s'il vous plait ; si vous ne voulez pas de
moi pour votre directeur, soit. Nous verrons
comment vous ferez pour vous passer de nos
conseils.

L'ABBESSE.

Ah ! Docteur, votre arrivée est un miracle
de l'ange gardien de cette maison. Sans vous,
nous étions perdues, mais que faire à présent ?

LE DOCTEUR.

Ma foi, je n'en sais rien.

BELFORT.

Mon père !

LE DOCTEUR.

Eh bien ?

BELFORT.

*Vaudeville.*

A moins que dans ce monastère
On ne veuille me retenir,
Vous n'avez qu'un parti, mon père,
Et c'est celui de nous unir.
Pour que notre hymen s'accomplisse,
Je semble arriver tout exprès ;
Deux jours plus tard je la perdois,
Je ne la trouvois plus novice.

EUPHÉMIE.

Si Belfort est vraiment coupable,
Il n'est coupable que pour moi ;
J'oublie une faute excusable,
Qu'il répare en m'offrant sa foi ;
Sans doute il faut que l'on punisse
Celui qui séduit une sœur ;
Mais doit-on user de rigueur
Quand cette sœur n'est que novice ?

## LE DOCTEUR.

Je crois qu'ils ont raison, madame,
Il faudra bien y consentir.
Allons, fripon, voilà ta femme,
C'est par-là qu'il en faut finir.
On te passe ton artifice,
Mais fais ton devoir à ton tour,
Et que ton amante en amour
Ne reste pas long-temps novice.

## LA TOURIERE.

Puisqu'il le faut, allez ma fille;
Mais soyez innocente encor
Dans le monde comme à la grille:
Et sur-tout n'aimez que Belfort.
Pour vous sauver du précipice,
De bien bon cœur je vous suivrois;
Mais hélas! impuissans regrets,
Que ne suis-je encore novice?

## FRONTIN.

Adieu mes chères pénitentes,
Puisqu'il faut enfin vous quitter;
Cependant, jeunes innocentes,
Je suis fort bon à consulter.
De grand cœur j'offrois mes services,
Mes sœurs, pourquoi les refuser?
Où puis-je à présent les placer?
Où trouver ailleurs des novices?

AGNÈS *au public.*

De maintes mistiques vétilles ,
Du grand art de dire un secret ,
Et de la science des grilles ,
Nous offrons un foible portrait.
Aux deux auteurs de ces esquisses,
Passez quelques traits ennuyeux ,
Peut-être un jour ils feront mieux ,
Ils ne sont encore que novices.

*Fin de la pièce.*

www.ingramcontent.com/pod-product-compliance
Lightning Source LLC
LaVergne TN
LVHW022140080426
835511LV00007B/1189